SCRUM ARRETADO

Teoria e Prática em um "Balai" Só

DANIEL ABELLA

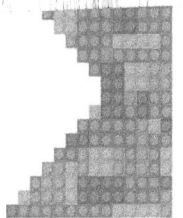

AGILE BEE SOLUTIONS   AGILE ACADEMY

SCRUM ARRETADO

DANIEL ABELLA

Copyright © 2020 Daniel Abella

Todos os direitos reservados.

O AUTOR

Atua como Gerente de Projetos na área de Pesquisa e Desenvolvimento (P&D) no Laboratório de Tecnologia da Informação (LTI) do Centro Universitário Unifacisa e no Virtus (Núcleo de Pesquisa, Desenvolvimento e Inovação em Tecnologia da Informação, Comunicação e Automação da UFCG), além de atuar como Professor do Curso de Sistemas de Informação da Unifacisa. Possui Mestrado em Ciências da Computação pela Universidade Federal de Pernambuco, as certificações PMP, PMI-ACP, MCTS, PMO-CP, SCEA e CTAL-TM, e escreveu pela Editora Ciência Moderna o livro "Gestão A3 (Ágil, Arretado e Arroxada)".

ÍNDICE

Autor	iii
Agradecimentos	vii
Introdução	3
Parte I	5
Projeto	7
Abordagens de Gerenciamento de Projetos	9
Manifesto Ágil	12
Metodologia, Framework e Práticas	14
Origem do Framework Scrum	16
Papéis do Scrum	18
Funcionamento do Framework	21
Product Backlog	24
Requisitos do Scrum	26
Planning Poker	30
Sprint Planning Meeting	33
Burndown Chart	36
Sprint Review e Sprint Retrospective	38
Parte II	41
Sobre a Dinâmica	43
Material	44
Preparação de Ambiente	45
Passos 1 e 2 - Papéis e Conhecendo Produto do Projeto	47
Conclusão	53
Referências	55

AGRADECIMENTOS

Esta minha segunda obra dedico a algumas pessoas que são de extrema importância para minha vida pessoal e profissional.

Minha esposa Nathaly Abella, que torna todos os meus dias especiais e sempre me incentivou para a escrita desta obra. O meu filho, Arthur Abella, que está próximo ao nascimento e, mesmo assim, já revolucionou a vida de seus papais.

Meus pais, Elisa Abella e Eurípedes Sebastião, bem como meu irmão Felipe Abella, que sempre me deram muito carinho e atenção.

Também não poderia deixar de agradecer à UniFacisa e UFCG/Virtus, por serem agentes ativos para a construção do conhecimento que compartilho com este livro.

INTRODUÇÃO

Em relatório publicado pela *Standish Group* em 2015, o *Chaos Report* relata que 19% dos projetos na área de Tecnologia da Informação (TI) são um completo fracasso, enquanto 52% encerram de maneira não esperada, ou seja, com prazos e custos não esperados ou ainda, não atendem a necessidade do cliente. Ao final, tem-se que apenas 29% dos projetos podem ser considerados bem-sucedidos.

No mercado de Desenvolvimento de *Software*, em que temos um ambiente de constantes e imprevisíveis mudanças, foram introduzidos os Métodos Ágeis como uma alternativa à abordagem de Métodos de Gestão de Projetos tidas como Tradicional. Classificado como ágil, o *framework* Scrum é um dos mais utilizados no mundo.

Na obra "Scrum Arretado: Teoria e Prática em um Balai Só", estou incumbido de apresentar o *Scrum* de uma maneira direta, "sem arrudeio". Para isto, o livro está organizado em duas partes, sendo a primeira delas relacionado os conceitos essenciais do *framework* e a segunda, apresentar a abordagem prática por meio de dinâmica usando blocos de montagem.

Seguido a linha da minha primeira obra, "Gestão A3 (Ágil, Arretada e Arroxada) de Projetos – Um Foco Simples e Objetivo para a Certificação PMI-ACP", teremos diversos outros instrumentos educacionais relacionados ao livro, como vídeos, guias de referência rápida e questionários usando plataformas de aprendizagem baseadas em jogos.

Qualquer crítica, sugestão ou dúvidas podem me encontrar nas redes sociais ou por meio do e-mail daniel@daniel-abella.com. Que tenhamos uma leitura agradável!

Atenciosamente,
Daniel Abella Cavalcante Mendonça de Souza
MSc, PMP, PMI-ACP, CSM, MCTS, CTAL-TM, SCEA

SCRUM

PARTE I
Conceitos Básicos do Framework

SCRUM ARRETADO

PROJETO

Apesar de não nos darmos conta, estamos rodeados de projetos e, muito provavelmente tenhamos gerenciado algum, seja de forma empírica ou usando práticas reconhecidas do mercado, como as descritas pelo *Project Management Body of Knowledge* (PMBOK), que é um guia com práticas de gestão de projetos organizadas pelo *Project Management Institute* (PMI).

Como exemplo de projetos, podemos citar a Construção de um *Software*, Construção de um Centro Comercial, Reforma de uma Sala Comercial, Implantação de um Escritório de Projetos, Reforma do Setor Comercial, Desenvolvimento de um Jogo e a Construção de um Novo Produto.

Segundo o PMBOK, projeto é um **esforço temporário para criar um produto, serviço ou resultado exclusivo**. Ao usarmos a palavra temporário, estamos indicando que, um projeto possui data de início e fim e, devemos atentar-se que, um projeto é algo (produto, serviço ou resultado) exclusivo, isto é, não repetitivo.

SCRUM ARRETADO

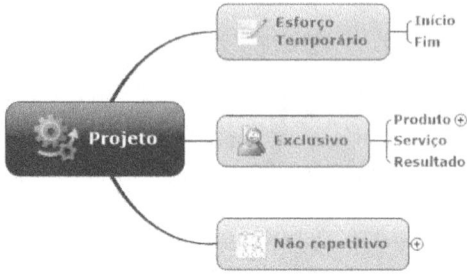

A seguir, temos a foto do primeiro tanque de guerra da história, o Mark I. Inicialmente, foi desenvolvido **um protótipo** deste tanque, que por sua vez, pode ser tratado como um projeto, uma vez que o produto, naquele momento era **único**.

Após a conclusão do protótipo, em decorrência da primeira guerra mundial, o Mark I passou a ser produzido em série, o que podemos chamar de **operação**, uma vez que os resultados são **repetitivos** (não únicos).

ABORDAGENS DE GERENCIAMENTO DE PROJETOS

Para o gerenciamento de projetos, temos duas principais abordagens, sendo elas: a abordagem tradicional e a ágil.

A abordagem tradicional, também conhecida por cascata ou pelo seu termo em inglês *Waterfall*, tem as **etapas bem definidas**, na qual uma etapa apenas inicia <u>após a conclusão da anterior</u>, denotando um modelo **sequencial**, na qual o resultado do projeto é entregue geralmente <u>ao final do projeto</u>.

Na imagem a seguir, este conceito é explicado. No lado esquerdo, podemos verificar que as etapas (concepção, escopo, análise, entre outras) são sequenciais e a implementação ocorre no último momento.

Por outro lado, à direita, temos o exemplo do funcionamento do ágil, descrito em detalhes nas seções a seguir, na qual realizamos pequenas entregas (incrementos) a cada uma iteração (período fixo de tempo). E, cada iteração temos microciclos de requisitos, análise, desenho, desenvolvimento, implementação, testes, validação e melhorias.

É importante frisar que, apesar deste e demais exemplos relacionarem a área de Tecnologia da Informação (TI), todo o conhecimento desta obra aplica-se a qualquer área do conhecimento.

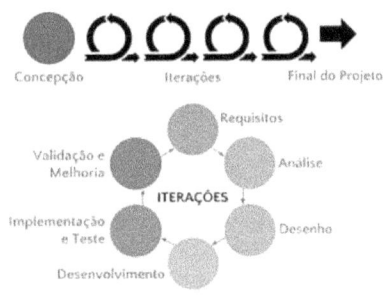

SCRUM ARRETADO

Para que o modelo cascata funcione adequadamente, precisamos ter um esforço inicial de planejamento e consequentemente precisamos conhecer os requisitos do projeto antecipadamente, senão, o que vamos planejar?

O diagrama de Ralph Stacey apresentado a seguir, classifica os ambientes em projetos como simples, complicados, complexos e caóticos, a depender do conhecimento acerca dos requisitos e ferramentas / tecnologias a serem adotadas.

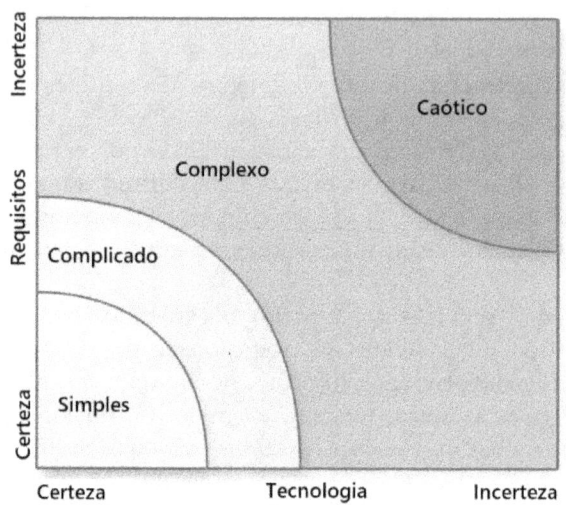

Fonte: https://www.scrum-tips.com/2016/02/17/stacey-complexity-model/

Se você for "arrochado mesmo", pode concluir que, a abordagem tradicional é usada potencialmente em ambientes simples, na qual temos pleno conhecimento dos requisitos, como por exemplo, o projeto da construção de uma casa.

Em projetos de desenvolvimento de *software*, que tradicionalmente não temos conhecimento dos requisitos nas etapas iniciais do projeto, o uso da abordagem tradicional não é sugerido. Em cenários de conhecimento limitado dos requisitos, propõe-se a adoção da abordagem ágil.

Sem conhecimento prévio dos requisitos, a abordagem Ágil possibilita a realização de pequenas entregas, comumente dentro de um período de 1 a 4 semanas, que são as iterações.

Desta maneira, se reduz o risco de não atender as expectativas do cliente, pois ele recebe precocemente as entregas (quando comparada com a abordagem tradicional) e consegue, desta maneira, antecipar eventuais mudanças (que na abordagem tradicional só seriam identificadas no fim do projeto) e possibilita identificar os demais requisitos do projeto.

Conforme discutimos anteriormente, a abordagem ágil trabalha com entregas precoces e incrementais e, muitos equivocadamente podem pensar ser como a imagem a seguir, definida por *Henrik Kniberg*, na qual podemos verificar que, o produto do projeto (o carro) será utilizado apenas ao fim (momento 4).

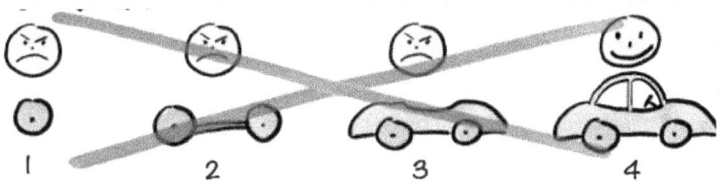

Fonte: https://blog.crisp.se/2016/01/25/henrikkniberg/making-sense-of-mvp

Entretanto, o que realmente estamos falando é o representado a seguir, na qual desde o início, temos entregas que podem ser avaliadas pelo cliente, de maneira a obter *feedback* precoce e antecipar eventuais

mudanças.

Fonte: https://blog.crisp.se/2016/01/25/henrikkniberg/making-sense-of-mvp

Você não entendeu errado! Sim, na abordagem ágil **as mudanças são bem-vindas!**

Não se preocupe, pois, o escopo é constantemente renegociado e eventuais mudanças pactuadas podem substituir itens do escopo com baixa prioridade/necessidade.

As mudanças podem ser, desde ajustes simples, como por exemplo, a mudança na disposição das páginas de cadastro, até a mudanças impactantes de prioridades de negócio no projeto, como por exemplo, mudar o aplicativo de ambiente *web* para dispositivos Android.

Atender a estas mudanças, o que se é permitido pela abordagem ágil, pode realmente mudar o curso e o resultado do projeto. Ou seja, trabalhamos a favor do resultado do projeto.

Por outro lado, na abordagem tradicional, as mudanças representariam um impacto significativamente maior, uma vez que, nas primeiras etapas do projeto tivemos o planejamento do projeto, que por sua vez terá que ser reajustado/repactuado para acomodar esta mudança.

MANIFESTO ÁGIL

Em 2001, se reuniram na estação em Snowbird (EUA), diversos experts na área de Tecnologia (imagem a seguir) e discutiram um dos assuntos importantes naquele momento, que seria o recorrente fracasso ou atraso em projetos de Software.

Fonte: https://dev.to/danvyle/agile-do-we-accept-5bj0

Muitos deles tinham suas propostas de como atuar nesta situação, entretanto, verificou-se que todos tinham uma base comum, que hoje conhecidos como Manifesto Ágil (Em Inglês *Agile Manifesto*), que representa a base para todos os métodos na abordagem ágil.

O manifesto Ágil é composto por **quatro valores** e **doze princípio**s e, todos os *frameworks* e métodos que se baseiam deste manifesto, dizemos que, estão sob o guarda-chuva ágil, apresentado na imagem a seguir.

Sob o guarda-chuva ágil, encontramos o Scrum, *Feature-Driven Development* (FDD), *Kanban*, DSDM, *Extreme Programming* e *Crystal*. Lean, por sua vez, está relacionado pois segue os valores e princípios do manifesto ágil apesar de não ser um método ágil.

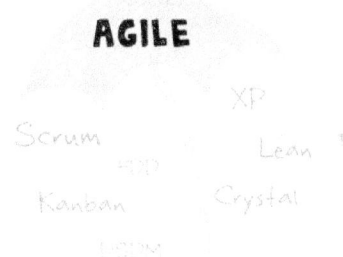

Fonte: Adaptado de http://www.agilesherpa.org/intro_to_agile/what_is_agile_development/

Na imagem a seguir temos os quatro valores. O primeiro deles, "Indivíduos e Interação entre eles do que Processos e Ferramentas", nos informa que as pessoas devem ser priorizadas nesta abordagem de gestão, bem como a interação, entretanto as ferramentas e processos podem ser adotados, mas não devem prevalecer sobre indivíduos e interações.

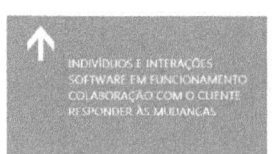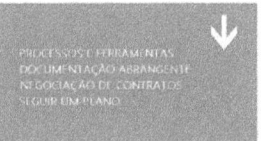

Fonte: Daniel-Abella.com

Na sequência, o valor "Software funcionando mais que Documentação Abrangente" revela que, o maior indicador do projeto é o que foi entregue e está funcionando, se sobrepondo a documentação abrangente. No ágil, não se tem aversão a documentação, mas busca-se a documentação estritamente necessária (em inglês, *Barely Sufficient Documentation*).

O valor "Colaboração com o Cliente mais que Negociação de Contratos" se refere ao fato que, com entregas precoces e recorrentes, podemos ajustar o escopo e/ou repriorizar funcionalidades em prol de entregar valor, resultando na colaboração com o cliente, enquanto que, estas ações no modelo tradicional podem culminar em renegociação de contratos.

Por fim, "Responder às Mudanças mais que Seguir um Plano" nos revela a grande mudança de mentalidade entre as abordagens, na qual a abordagem ágil trata as mudanças como bem-vindas, enquanto que na abordagem tradicional, seguiremos o planejamento definido nas etapas iniciais do projeto ou ainda, negociar aditivos.

Um dos mais adotados sob o Guarda-chuva Ágil, alvo principal desta obra, o *framework* Scrum será discutido na sequência, após discutirmos o conhecimento dos termos metodologias, *frameworks* e processos.

METODOLOGIA, FRAMEWORK E PRÁTICAS

Frequentemente nos equivocamos com o uso das palavras Metodologia, *Framework* e Práticas. Ao escrever a minha primeira obra que me deparei com a necessidade de entender o significado de cada uma destas palavras mais a fundo.

No PMBOK, uma das suas diversas práticas é a "Desenvolver o Termo de Abertura do Projeto (TAP)", que formaliza o início do projeto. Com base neste exemplo, entendemos que, prática se refere a ação que desenvolve certos conhecimentos.

Framework, essencialmente na área de projetos, se refere a um conjunto de práticas reunidas, na qual não se definem uma ordem para a execução destas, nem como quais práticas devem ser aplicadas, podendo por exemplo, ser aplicada apenas uma ou todas elas.

Desta maneira, *framework* é um arcabouço de práticas que deixa a cargo do usuário, como por exemplo, gerente ou líder, definir as práticas a serem usadas e a ordem de execução destas, inclusive, abrindo espaço para inclusão de outras práticas serem incluídas.

Por sua vez, metodologia, segundo Scottellis, se refere a um conjunto de princípios, ferramentas e práticas, de maneira a definir uma abordagem para "fazer alguma coisa". Diferentemente dos *frameworks*, aqui estão definidos quais processos (e a ordem) que devem ser aplicados, garantindo padronização para a execução dos projetos.

O Superior Tribunal de Justiça (STJ), por exemplo, criou a sua metodologia de gestão de projetos, na qual relaciona "tudo o que você precisa" para gerenciar os projetos deste tribunal, isto é, relaciona os processos (e sua ordem) e ferramentas. Esta metodologia foi pensada especificamente na realidade do tribunal, **garantindo padrão de execução para todos os projetos** no STJ.

Por outro lado, se no tribunal não tivesse uma metodologia, mas um *framework*, estariam relacionadas uma série de práticas em projetos **sugeridas**, cabendo ao gestor do projeto identificar, baseado na realidade do projeto quais as práticas adotar (podendo acatar as práticas sugeridas ou não), **garantindo flexibilidade para o gerenciamento, mas negligenciando a padronização**.

Levando o nosso exemplo para o mundo de blocos de montar, na imagem a seguir apresentamos a diferença entre *framework* e metodologia. Na metodologia, recebemos exclusivamente 3 blocos, que devem ser montados na **ordem definida**, garantindo **padronização**, enquanto que, no *framework*, temos uma série de blocos que podem ser usados como queira e na ordem desejada, garantindo **flexibilidade**.

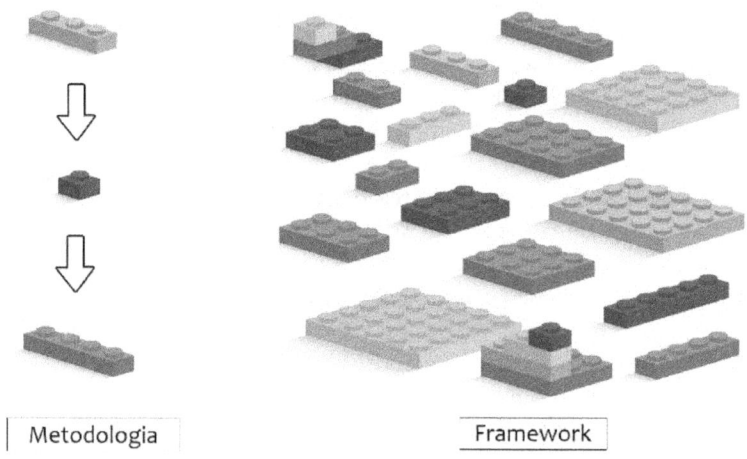

No artigo *"Why You're Confusing Frameworks with Methodologies"*, Michael Wood realiza uma discussão sobre o tema desta seção, bem como relaciona os seguintes exemplos de *frameworks*: PMBOK, CCPM, Scrum, *Extreme Programming* – XP, *Feature-Driven Development* – FDD, DSDM e Rational Unified Process (RUP). Por outro lado, são relacionados Prince 2 e Kaizen como metodologias.

ORIGEM DO FRAMEWORK SCRUM

O ano era 1986, quando Hirotaka Takeuchi e Ikujiro Nonaka escreveram na revista Harvard *Business Review* o artigo intitulado *"The new new product development game"*, na qual relaciona o jogo de *rugby* para o desenvolvimento de produtos, a exemplo de um *software*, uma casa, entre

outros.

Utilizando-se esta analogia inicial, Jeff Sutherland e Ken Schwaber criaram o *framework* Scrum, cujo nome se refere a uma formação para reposição de bola no *rugby*. Mais informações sobre a história do Scrum, bem como as suas curiosidades, podem ser obtidas excelente artigo do Rafael Sabbagh, da *Knowledge 21*, no endereço: https://www.knowledge21.com.br/blog/as-verdadeiras-origens-do-scrum/

SCRUM ARRETADO

Fonte: Jeff e Ken em http://blog.adaptworks.com.br/wp-content/uploads/2017/11/jeff-ken-scrum-guide-refresh.png

O *framework* Scrum segue a abordagem ágil e atua com entregas parciais e precoces (ou seja, "de 'pedacin' em 'pedacin'") em tempos regulares, a qual atribuímos o nome de *Sprint*, podendo variar de 1 a 4 semanas.

Desta maneira, é gerado valor ao cliente de maneira antecipada, bem como permite a identificação de eventuais mudanças, que conforme vimos nas seções iniciais desta obra, são bem-vindas no ágil.

O *Scrum* possui uma série de papéis, eventos e artefatos, conforme discutiremos a seguir.

PAPÉIS DO SCRUM

No *framework* Scrum, recomenda-se que o time seja composto por **3 a 9 pessoas**, mas existem meios de escalar (nos *links* https://www.scrum.org/resources/blog/what-scaling-scrum e http://bit.ly/scalescrum). E, cada uma destas pessoas possui um dos seguintes papéis: *Product Owner*, *Scrum Master* e Time, descritos a seguir.

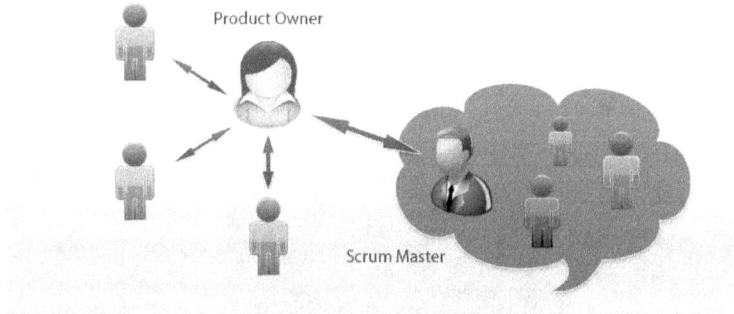

Fonte: https://www.scrum.as

Product Owner (P.O.)

O primeiro deles é o *Product Owner*, comumente conhecido, ainda que em português pelo seu acrônimo P.O., e fornece a visão de produto, ou seja, possui as informações (requisitos) do que está sendo desenvolvido, podendo ser alguém do time (que, para obter tais informações pode fazer contato com o cliente) ou o próprio cliente.

Além disto, o P.O.: (a) busca maximizar o valor do produto e do trabalho do time, (b) define os critérios de aceitação (os "detalhes" dos requisitos), (c) participa do refinamento (*grooming*) da lista dos requisitos, que conforme verificaremos a seguir, atribuímos o nome de *Product Backlog*, (d) participação de sessões de planejamento, seja em nível de produto, (entregas) *release* ou *sprint* e (e) colabora com todo o time para garantir que o valor seja percebido.

Fonte: Adaptado de https://www.edubp.it

Scrum Master (S.M.)

O *Scrum Master* é o responsável por garantir a aplicação das práticas do *Framework* Scrum que forem adotadas no projeto. Complementarmente, atua como um líder servidor e também se responsabiliza em remover os impedimentos e evitar interferências que possam surgir durante a execução do projeto. Tais funções estão representadas na imagem a seguir.

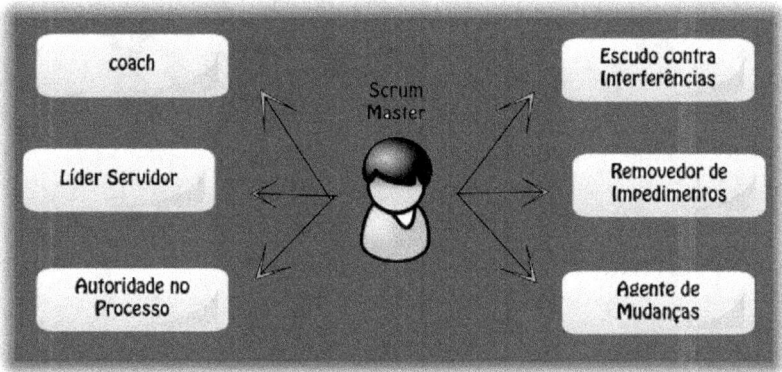

Fonte: http://www.mindmaster.com.br

Time (Team)

Diferente da abordagem tradicional, espera-se* que o time do Scrum seja multifuncional, ou seja, não possui a designação de papéis como programador e analista de testes. E a principal responsabilidade deste time é produzir conjuntamente o incremento a ser entregue ao final da *Sprint*.
*porque nem sempre vejo isso acontecer ☐

"Rumbora" que tem mais

Agora que conhecemos os principais papéis do Scrum, a seguir, temos personagens que representam estes papéis, que estarão sendo relacionados nas sessões subsequentes. A primeira personagem é a de Scrum Master, representada pela minha esposa Nathaly, que atuará principalmente fornecendo a visão do produto e garantindo a maximização do valor percebido.

Na sequência, com missão de remover os impedimentos e evitar interferências durante a execução, bem como garantir a execução das boas práticas, temos o meu pai, Eurípedes. Por fim, para produzir os incrementos, estão relacionados o meu avô Emílio e o meu tio-avô Elpídio, formando um time da pesada.

Product Owner (P.O.)
Nathaly Abella

Scrum Master (S.M.)
Eurípedes Sebastião

Time
Emílio Abella e Elpídio Abella

FUNCIONAMENTO DO FRAMEWORK

Uma vez devidamente apresentados os personagens do Scrum, está relacionado a seguir o fluxo com o funcionamento do Scrum. Devido a ser tratar de um *framework*, nem todas as práticas precisam ser seguidas, bem como outras práticas podem ser adotadas e utilizadas.

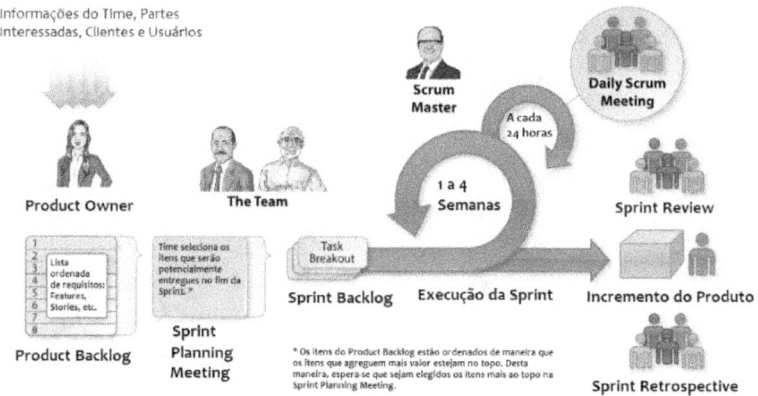

Fonte: Adaptado de https://www.pinterest.ru/pin/552816922992311314/?lp=true

Inicialmente, Nathaly (P.O.), que pode ser o cliente, alguém designado por ele, bem como alguém do time, realiza, caso necessário, contato com as pessoas que podem fornecer as informações do produto, de maneira a ter a **visão do produto**.

Com base nestas informações, Nathaly levanta em alto nível uma lista de requisitos e a ordena de acordo com a prioridade, lista esta que é chamada *Product Backlog* (PB), na qual os requisitos que estão no topo representam o de maior prioridade, enquanto as que estiverem na parte inferior, são os de menor prioridade.

Ou seja, estão ordenados pelo *"business value"* definido pelo P.O. Na seção a seguir, descreveremos o PB em detalhes.

Na imagem a seguir temos o exemplo do funcionamento *Product Backlog*, na qual temos à esquerda, as 8 funcionalidades (em inglês, *features*), sendo elas *Feature* 1, 2, 3, 4, 5, 6, 7 e 8. Tais *features* foram definidas pela *Product Owner* do Projeto, Nathaly, que por sua vez, baseado na geração de valor para o projeto, priorizou, de maneira que, o item mais importante é a *feature* 4 (no topo), enquanto que, o item menos importante é a feature 7 (na base).

SCRUM ARRETADO

Fonte: Adaptado de https://www.visual-paradigm.com/scrum/scrum-100-points-method/

Posteriormente, reunimos o Eurípedes (SM), Nathaly (P.O.) e o Time para a realização da *Sprint Planning Meeting* (Em Português, Reunião de Planejamento da *Sprint*), na qual em um período fixo (*time-boxed*) de 8 horas, determinaremos quais os itens do PB podem ser entregues na próxima *Sprint* e como o resultado será alcançado. A estes itens que trabalharemos para entregar ao fim da Sprint, compõem o *Sprint Backlog*.

Em resumo, conforme representado na imagem a seguir, *Sprint Backlog* é um pedacinho do *Product Backlog* que o time "atacará" na próxima Sprint (iteração).

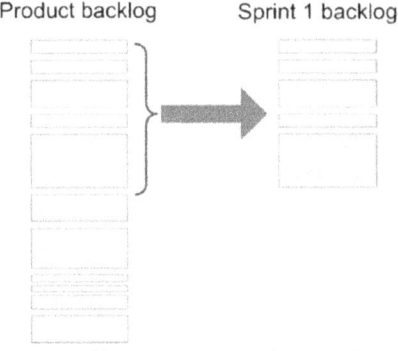

Fonte: https://www.gp4us.com.br/backlog-do-produto/

E com a *Sprint Planning Meeting*, iniciamos a Sprint, que é fixa, com duração de 1 a 4 semanas. Neste período, todos os dias realizamos uma cerimônia intitulada *Daily Scrum Meeting*, conhecida comumente apenas por "*Daily*" na qual o time responde a 3 perguntas: (a) "o que você fez ontem?", (b) "o que você fará hoje?" e (c) "existe algum impedimento?".

O objetivo da Daily **não é** realizar um *status report*, como na abordagem tradicional, mas sincronizar todos os membros do time e, caso tenha algum impedimento, o SM pode atuar (não espere para reportar impedimento apenas na Daily, por favor).

Encerrada a *Sprint*, esperamos que tenha um incremento ("pedacinho") do produto a ser disponibilizado para o PO. Os itens da *Sprint Backlog* que foram concluídos em consonância dos critérios de aceitação definidos pelo PO, são apresentados a este PO em uma cerimônia intitulada *Sprint Review*. Neste momento, são apresentados os itens desenvolvidos na *Sprint Backlog*, de maneira a obter *feedback* e ocorrer a inspeção e adaptação do *Product Backlog*.

Após a *Sprint Review*, iniciamos o processo de melhoria contínua no Scrum, evento intitulado *Sprint Retrospective*, na qual o SM em conjunto com o Time se reúnem para identificar: (a) os pontos/ações positivas que foram realizadas na Sprint corrente, com intuito de mantê-las para os momentos posteriores, (b) pontos/ações de melhoria na Sprint corrente e (c) pontos de ação para atuar nos pontos de melhoria elencados nas Sprints seguintes.

PRODUCT BACKLOG (PB)

Conforme discutimos na sessão anterior, *Product Backlog* é uma lista que contém todas as funcionalidades esperadas para o produto, sendo ordenada pela prioridade, na qual os itens do topo são os que agregam mais valor, conforme podemos verificar na imagem a seguir.

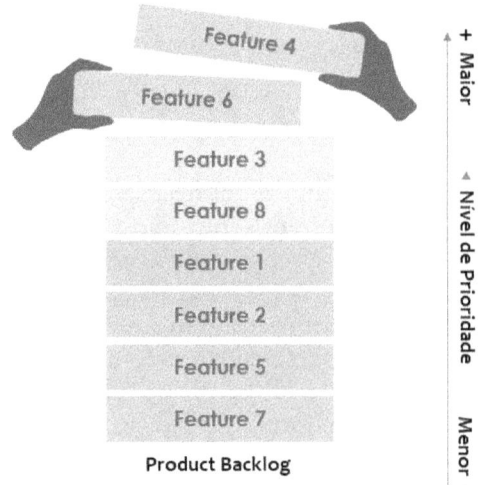

Fonte: Adaptado de https://www.quickscrum.com/ScrumGuide/170/sg-Product-Backlog-Refinement

Esta lista é criada principalmente, constantemente revisitada e atualizada pelo *Product Owner* (P.O.) e, desta maneira, as **funcionalidades não precisam ser definidas necessariamente nas fases iniciais do projeto**, como acontece na abordagem tradicional.

Comumente, tem-se a necessidade de levantar no início do projeto, os itens a serem "atacados" pela primeira Sprint e posteriormente, o PB é alimentado com os itens do projeto, ou seja, o **PB é dinâmico** e pode nunca estar completo.

Neste processo de elaboração, o Time pode apoiar, mas a responsável é a nossa Nathaly (P.O.). Para o *Product Backlog* ser considerado "arretado", devemos buscar as características relacionadas pelo acrônimo **DEEP** (referente a Detalhado, Estimado, Emergente e Priorizado).

SCRUM ARRETADO

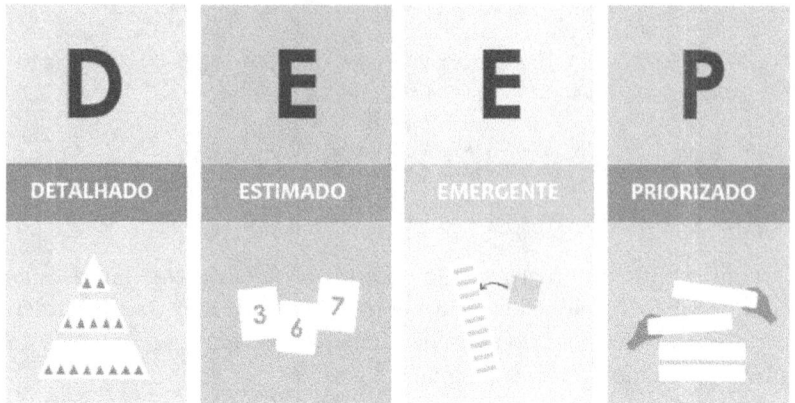

Fonte: https://www.visual-paradigm.com/scrum/what-is-deep-in-agile-product-backlog/

Detalhado ("D"), se refere que o PB tem que ser detalhado o suficiente para o entendimento e consequente construção, na qual os que estiverem próximo ao topo, isto é, mais importantes, devem estar mais detalhados.

Como o PB é um instrumento de planejamento, os itens devem estar **Estimados ("E")**, na qual os mais próximos ao topo provavelmente possuem estimativas mais precisas, uma vez que possuem mais detalhes.

Aos outros itens do *backlog* tidos como menos importantes, possuem estimativas em alto nível e podem ser estimados novamente na ocorrência de maiores detalhes ou melhor entendimento, bem como refinados em vários (ou seja, 1 item pode ser "quebrado" em vários). Nas seções seguintes, descreveremos uma forma de redigir os requisitos conhecida como *User Stories* e uma técnica de estimativas intitulada *Planning Poker*.

Sendo dinâmico (mudando constantemente), o Backlog é **Emergente ("E")**, isto é, durante a execução do projeto, novas funcionalidades surgem (isto é, emergem), além de mudanças, após melhor entendimento dos requisitos do projeto.

Por fim, **Priorizado ("P")**, conforme discutimos anteriormente, revela que em um PB, os itens são constantemente priorizados e re-priorizados, sempre de acordo com critérios como: (a) valor agregado ao cliente, (b) prioridades do cliente, (c) dificuldade de construção (pode ser atacar os itens mais complexos e que agreguem valor, com intuito de mitigar o risco), (d) necessidade de *feedback* de um item, entre outros critérios.

Na seção seguinte, descreveremos uma das principais formas de redigir os requisitos na abordagem ágil, que é a *User Stories*.

REQUISITOS NO SCRUM

O projeto é composto por diversos requisitos e, no *framework* Scrum, é organizado em um artefato chamado *Product Backlog*, discutido nas seções anteriores. Um dos formatos mais utilizados para descrever os requisitos no *Scrum*, é a *User Stories* (em português, Histórias do Usuário), apesar de não ser parte do *framework*.

Conforme podemos verificar na imagem a seguir, no processo de levantamento dos requisitos, inicialmente podemos definir os requisitos como **casos de uso**, cuja duração podem chegar a meses.

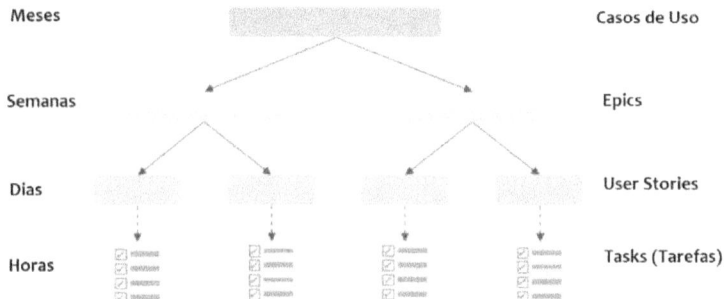

Fonte: https://www.visual-paradigm.com/scrum/theme-epic-user-story-task/

De granularidade maior, temos as **Epics**, também conhecidas como *Large User Stories*, possuem duração de até semanas, representam itens grandes sem detalhes suficientes para serem decompostos em *user stories*.

O nível abaixo se refere as *User Stories*, que possuem duração de dias e descrevem um requisito sob o ponto de vista do cliente de maneira simples e objetivo, relacionando: (a) ator que realiza a ação, (b) ação que é executada pelo ator e (c) resultado/benefício pela ação.

E, por fim, chegamos as tarefas (*tasks*), que são geradas a partir das *User Stories* e possuem duração de poucas horas e podem representar pequenas atividades associadas. A decomposição de *User Stories* em Tarefas acontece comumente durante a *Sprint Planning Meeting*.

Não relacionada anteriormente, mas não menos importante, temos os Temas (*Themes*), que representam um grupo de *User Stories*, agrupadas de acordo a algum critério definido.

SCRUM ARRETADO

Apesar de parecer lógico, **não** se tem a necessidade de levantar os requisitos na ordem descrita anteriormente, pois a abordagem anterior parte do princípio de **decomposição**, ontem os requisitos chegam de maneira preliminar e são decompostas para os níveis inferiores. Entretanto, se estes já possuem a maturidade, podem ser escritos até em *User Stories* e, durante a *Sprint Planning Meeting* serem decompostas em Tarefas.

A *User Story* possui o seguinte formato: **"Comum um <papel>, eu gostaria de <função> para <valor de negócio>",** na qual devemos relacionar o papel, função e valor para o negócio.

Um exemplo de uma *User Story* para um sistema de livraria poderia ser: **"Como um comprador, eu gostaria de encontrar um livro pelo título para poder compra-lo**", na qual o "comprador" é o papel, "encontrar um livro pelo título" seria a função e, por último, "poder compra-lo" se refere o valor para o negócio.

Uma das melhores maneiras para apoiar no processo de criação de *User Stories* é a definição de Personas, que na mais é do que a representação de possíveis usuários (fictícios) do produto.

Basicamente, a gente define pessoas fictícias representando os mais **diversos tipos de usuários daquele** produto e começamos a vislumbrar os requisitos, fazendo questionamentos do tipo **"será que essa funcionalidade vai ser útil para Rodrigo?"**, na qual Rodrigo seria uma *Persona.*

Roman Pichler propôs um formato para descrever as Personas, apresentado a seguir, que pode contribuir neste processo de levantamento as User Stories. Neste formato, temos 3 seções, a primeira delas relaciona o nome e imagem da persona (*Picture & name*), detalhes (*details*) da persona e o seu objetivo (*goal*).

ROMAN'S PERSONA TEMPLATE

PICTURE & NAME	DETAILS	GOAL
Stan	Role: serviceperson Stan wants to keep the kiosk running smoothly and easily perform routine maintenance on it.	"I just want to be home by dinner."

SCRUM ARRETADO

Fonte: Terri Phillips

Além da descrição no formato acima, a *User Story* (US) possui **um critério de aceitação**, que é uma lista de itens que devem ser alcançados pela US, podendo conter inclusive, informações adicionais que não puderam ser descritas pela brevidade da US.

Nesse momento, é primordial que o PO elenque bem os itens que representem suas expectativas uma vez que, durante a *Sprint Review*, as US serão avaliadas além da sua descrição, dos critérios de aceitação definidos.

Uma *User Story* tem 3 principais componentes, todos iniciados com a letra C, sendo eles: **Cartão (*Card*), Conversação (*Conversation*) e Confirmação (*Confirmation*)**.

Cartão se refere que, a *user story* é escrita em cartão ou *post-it* e contém a informação necessária para identificar este requisito, contribuindo também no processo de planejamento; **C**onversação indica que, o cliente e a equipe conversam sobre a *US* para alinhar o entendimento e, se necessário, realizar alguma mudança e **C**onfirmação indica que o PO deve confirmar que a *User Story* está completa antes desta ser considerada *done*.

Uma das grandes dificuldades ao iniciar a trabalhar com *User Stories* é saber se elas estão "arretadas". Existe o acrônimo **INVEST**, apresentados na tabela a seguir, que relaciona as características necessárias para uma boa US.

Conceito	Descrição
Independente	Histórias são mais facilmente trabalhadas quando são independentes, ou seja, quando podemos implementá-las em qualquer ordem, já que não são intimamente ligadas, gerando uma cascata (que pode virar gargalo) de implementação. Talvez essa seja a característica mais difícil de alcançar totalmente.
Negociável	Histórias não são contratos para implementar funcionalidades; boas histórias captam a essências e não os detalhes de uma funcionalidade. Definida a essência, os detalhes são negociados com o *Product Owner*. E não definidos por ele.
Valiosa	A premissa básica de uma história é que ela agregue valor ao produto, para o cliente. Muitas vezes as histórias começam a ser quebradas. Quando começamos a quebrar demais as histórias, temos que ter o cuidado de não transformá-la em algo que entregue apenas uma parte da funcionalidade.

Estimável	Não precisa ser algo exato; o time não precisa acertar sempre; mas o time precisa ser capaz de estimar uma *user story*. Da mesma forma que uma história estimável pode ser negociada, ninguém consegue estimar uma história que não entende. Entendo que esta seja a característica chave de uma boa *user story*, por que está intimamente ligada a outras.
Pequena	Boas histórias são pequenas. Elas entram no acordo entre Time e *Product Owner* sobre o tamanho máximo de uma história dentro da Sprint. Além disso, quando as histórias são menores, há chances maiores de ter uma estimativa mais precisa. É o típico caso de quando o Time joga para o alto a estimativa de uma história "por não entender o que implicaria sua implementação". Se o time usar essa frase na planning, significa que a história deve ser revista.
Testável	É preciso testar! Sempre! Testabilidade sempre foi uma característica de bons requisitos; o mesmo é plenamente aplicável à *user stories*. Se o cliente não sabe como testar algo, significa que ou a *user story* não está clara o bastante ou que ela não contém algo que acrescente valor aos olhos do cliente.

Fonte: https://agilemomentum.com.br/2015/02/14/voce-investiria-nas-suas-historias-use-o-invest-e-melhore-a-qualidade-das-suas-user-stories/

Nesta seção discutimos como User Stories podem ser úteis para descrever requisitos. A seguir descreveremos como o Planning Poker pode ser uma ferramenta importante para o processo de estimativas.

PLANNING POKER

Conforme discutimos na seção anterior, uma das formas de descrever os requisitos é a de User Stories e, para estimar o esforço necessário, umas das principais técnicas de estimativa adotadas é a *Planning Poker* **(PP)**, que é baseada em consenso.

Comumente, estamos acostumados a realizar estimativas em medidas de tempo, como horas. Entretanto, usando a PP para as estimativas, temos em resumo o seguinte funcionamento.

Inicialmente, cada membro do Time recebe um conjunto de cartas (como o da imagem a seguir) seja físico ou virtual (como exemplo, a ferramenta *Plan It Poker*).

Exemplo de Cartas do Planning Poker com Fibonnaci
Fonte: http://www.it-zynergy.com/scrum-planning-poker

Posteriormente, uma *User Story* a ser estimada é lida, incluindo seus critérios de aceitação e discutida na sequência, com intuito que todos consigam ter o **completo entendimento** e sanar eventuais questionamentos junto ao PO.

Após o entendimento da US, cada membro elege uma carta com o valor (em pontos) que este acha que corresponda ao esforço.

Todos os membros apresentam as suas sugestões de estimativas (ou seja, suas cartas) **de uma vez**. Conforme discutido anteriormente, trata-se uma **técnica baseada em consenso**, de maneira que, caso possua uma grande diferença nas estimativas (sem consenso), uma nova votação é realizada.

Entretanto, antes de realizar uma nova votação, uma boa prática é que, os membros com os valores nos limítrofes (ou seja, maior valor e menor valor) exponham a motivação por terem colocado tais valores, o que pode contribuir para melhor entendimento da US, permitindo a chegar um consenso na estimativa.

Com uso da prática supracitada, pode-se chegar a situação que, quem expôs o menor valor ter identificado uma maneira mais simples de produzir o artefato ou ter negligenciado algum detalhe, bem como quem expôs o maior valor, pode ter identificado detalhes não identificados pelos outros do time. E, também pode ser o caso dos dois estarem equivocados e os outros do time estarem com melhor entendimento.

Comumente, os membros possuem dificuldade ao mudar a mentalidade de tempo para pontos e, uma boa prática é, definir uma *User Story Guia*. Isto é, buscamos o item do *Backlog* mais simples e atribuímos o valor de 2 pontos. Assim, ao estimar, pensaremos com base no tamanho relativo, buscando identificar quantas vezes o item estimado corresponde a *User Story Guia*.

Como alguns podem ter identificado, as cartas da imagem anterior usam a sequência de Fibonacci, que, excetuando os dois primeiros números (que são 0 e 1), os próximos são compostos pela soma dos antecessores. De acordo com Roberto Brasileiro, do site Método Ágil (*link* http://www.metodoagil.com/planning-poker/), Fibonacci foi utilizado devido aos saltos entre os números e esses espaços que vai medir a incerteza de uma estimativa e retirar as pessoas de buscarem um número intermediário.

Desta maneira, temos que o processo de estimativa usando PK pode ser resumido nos seguintes passos:

- **Passo 1:** Leitura da *user story*;
- **Passo 2:** Discussão breve para entendimento de todos;
- **Passo 3:** Cada um mostra uma carta com a sua estimativa na mesma hora; e
    - Neste momento, pensa-se: "essa US equivale a quantas US guia (que possui valor 2)?";
- **Passo 4:** Verificada uma variação grande, realizaremos uma discussão, principalmente envolvendo as estimativas das extremidades (estimativa maior e menor) e voltemos ao Passo 3 até que tenhamos um consenso.

Ao realizar as estimativas de todas as US da Sprint**, a soma da pontuação de todos itens** (caso sejam entregues), nos conduzirá a um valor que será a **velocidade (em pontos)** do time por Sprint.

Nas primeiras Sprints, o valor tende a variar significativamente, o que é normal, entretanto, a tendência é que, com o tempo, atinja um valor médio, a velocidade.

Um dos grandes equívocos ao adotar o *Planning Poker* é realizar comparativos entre membros do time e entre times diferentes.

Além de não ser uma boa prática, podemos ter a situação que, um item pode ter recebido uma pontuação 5 para um determinado item, e 13 pelo outro.

SPRINT PLANNING MEETING

Nas seções anteriores entendemos uma das maneiras de redigir requisitos (*user stories*) e uma das técnicas de estimativa baseada em consenso (*planning poker*), que podem ser adotadas durante a cerimônia do Scrum intitulada *Sprint Planning Meeting* (em português, Reunião de Planejamento da *Sprint*).

Esta cerimônia, que possui duração fixa de 8 horas (isto é, é *timeboxed*), dividida em **duas** partes de 4 horas, na qual na primeira delas temos a apresentação dos itens do *Product Backlog* com maior prioridade para a *Sprint* (incluindo os critérios de aceitação) e neste momento, eventuais dúvidas podem ser sanadas com o PO.

Complementarmente, o Time e o PO definem a **meta para a Sprint** (em Inglês, *Sprint Goal*), que é basicamente uma ou duas frases que descrevem o que o time deve alcançar no período.

Nas últimas 4 horas da *Planning*, a equipe estima os itens usando uma das técnicas (a exemplo da *Planning Poker*) e busca identificar quais itens podem entregar ao fim da Sprint em planejamento. Estes itens "prometidos" chamamos de *Sprint Backlog*.

Em resumo, na primeira fase da *Planning* definimos "O que fazer", enquanto que na última fase definimos "Como fazer". O resultado esperado desta cerimônia, conforme apresentado na imagem a seguir, é basicamente a meta da Sprint acompanhado do *Sprint Backlog*.

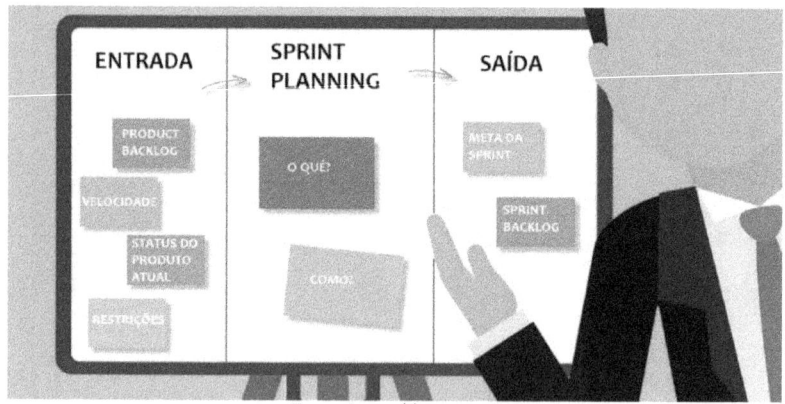

Fonte: https://www.scrum.as

Principalmente na primeira *Sprint*, não temos ideia de velocidade (em pontos) que o time tem capacidade de entregar. Desta maneira, pode ser que, terminemos os itens "prometidos" (isto é, da *Sprint Backlog*) antes ou não entreguemos todos os itens. Entretanto, nas *sprints* seguintes, com a definição da velocidade, este problema tende a desaparecer.

Ao concluir a *Planning*, começamos a trabalhar nas US e, com intuito de sincronizar o andamento da Sprint, todos os dias realizamos a cerimônia intitulada *Daily Scrum Meeting*, comumente conhecida como *Daily*, que é uma reunião de 15 minutos (*time-boxed*), na qual cada um do time responde aos seguintes questionamentos (apresentados também na imagem a seguir):

- O que foi feito desde a última reunião?
- O que vou fazer até a próxima reunião?
- Quais os obstáculos que estão impedindo a realização das minhas atividades?

Fonte: https://www.scrum.as

Um dos equívocos é associar a *Daily* a uma reunião de *status* da abordagem tradicional. Esta cerimônia representa um momento de sincronização.

Existem dois conceitos que são também muito importantes no Scrum: o *Definition of Done* (DoD) e *Definition of Ready* (DoR), representados na imagem a seguir.

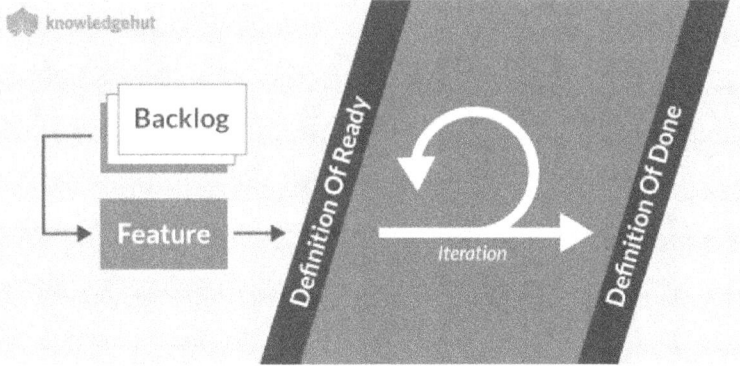

Definition of Ready se refere a um acordo entre o P.O. e o Time dizendo qual o nível de maturidade que a *User Story* deve chegar para a *Planning*. Por outro lado, *Definition of Done* relaciona o que é necessário para informar que determinada *User Story* foi concluída, evitando o famoso "terminei, só falta testar".

Em resumo, DoR nos diz "a US deve ter isso para ir para a *Planning*" e DoD nos diz o que deve fazer para dizer que a US foi concluída adequadamente.

Exemplo de DoR e DoD

Exemplo de DoR para o projeto da Farmácia Abella:
- A US deve ser INVEST
- Os critérios de aceitação devem estar preenchidos
- Deve ter um protótipo de baixa fidelidade

Para o mesmo projeto, o DoD pode ser o seguinte:
- Funcionalidades devem atender critério de aceitação
- O código fonte deve possuir testes unitários
- Deve ser realizado ao fim da US, um Teste Fumaça

BURNDOWN CHART

Com objetivo de monitorar o progresso (da *release* e *Sprint*, por exemplo) em times ágeis, uma das ferramentas mais adotadas é o gráfico de *burndown*.

Para entender como funciona este gráfico, apresentarei um simples exemplo. Hoje é segunda-feira, dia 06/01/2020, e estamos iniciando a Sprint 8 do projeto de construção de um *software* para uma operadora de planos de saúde e as Sprints deste projeto possuem duração fixa de uma semana, ou seja, 05 dias úteis. Assim, a *Sprint* inicia em 06 e encerra em 10/01/2020 e o Sprint Backlog possui exatos 60 pontos.

Na sequência, temos a apresentação inicial do gráfico de *burndown* para a nossa Sprint 8. Note que, o eixo x (horizontal) se refere a quantidade de dias úteis, que no nosso exemplo, são 05, enquanto que, no eixo y (vertical) temos a quantidade de pontos, que em nosso exemplo são 60 pontos.

Desta maneira, com 60 pontos a serem queimados (*burn* em inglês é queimar) em 05 dias, temos uma expectativa de que, 12 pontos sejam queimados por dia (60/05 = 12), representados no gráfico a seguir pela linha pontilhada em vermelho.

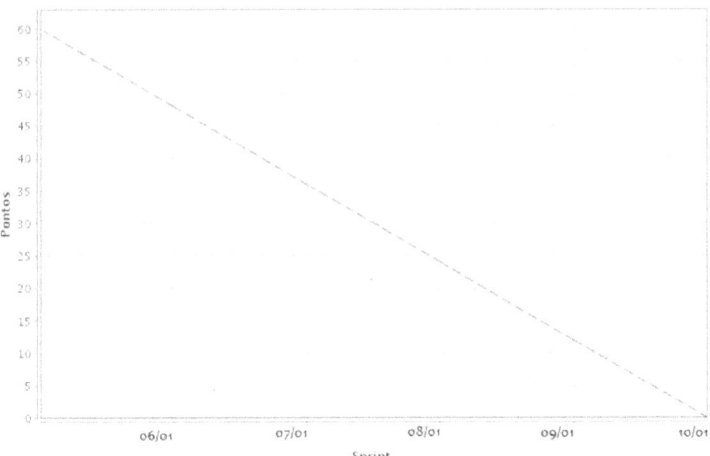

Fonte: Adaptado de: https://blog.myscrumhalf.com/

No gráfico a seguir, temos o exemplo de um *Burndown* para o terceiro dia da Sprint 8, cujo progresso é representado pela linha azul, enquanto que, o progresso esperado segue com a linha pontilhada em vermelho.

SCRUM ARRETADO

Podemos verificar que, no dia 07/01, deveríamos ter "queimado" 12 pontos e desta maneira termos 48 pontos restantes (resultado da subtração de 60 por 12). Ao invés disto, tivemos 55 pontos restantes, revelando que, a evolução deste dia, foi 5 (resultado da subtração de 55 de 60), enquanto o esperado era 12, isto é, tivemos uma variação **negativa** e desta maneira, a linha azul (real) está **acima** da linha vermelha (esperada).

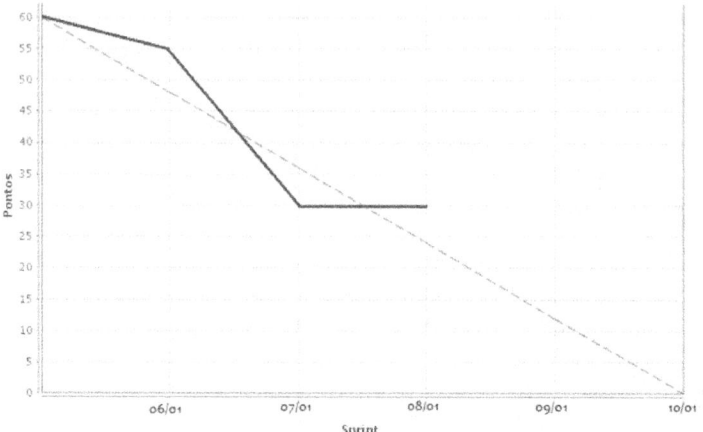

Fonte: Adaptado de: https://blog.myscrumhalf.com/

No dia seguinte, deveríamos ter 36 pontos restantes, considerando 24 pontos "queimados" (2 dias x 12 pontos/dia). E, ao invés disto, tivemos 30 pontos, ou seja, "de um dia pro outro", o time saiu de 55 pontos restantes para 30 pontos restantes. E, desta maneira, tivemos uma variação **positiva** e desta maneira, a linha azul (real) está **abaixo** da linha vermelha (esperada).

"Parabéns, pessoal!". O terceiro dia, deixo a análise para você ☐.

SPRINT REVIEW E SPRINT RETROSPECTIVE

Ao encerrar o período da Sprint, temos a cerimônia de *Sprint Review*, que possui duração máxima de quatro horas, onde o PO avalia o que foi criado na Sprint, considerando a meta da Sprint em conjunto com os critérios de aceitação estabelecidos para as US acordadas, sendo comumente um evento informal que reúne o SM, PO e Time, bem como pessoas relevantes para a obtenção de *feedback*.

Na imagem a seguir, apresentamos a Sprint Review em termos de entradas, atividades e saídas. Temos como entrada, as informações da Sprint, o incremento resultante, condições de negócio atuais (pois estas mudanças podem refletir no projeto) e o *Product Backlog*. Com base nestas entradas, as atividades são basicamente Revisar, descobrir e rearranjar informações e, como saída, temos um *Product Backlog* atualizado.

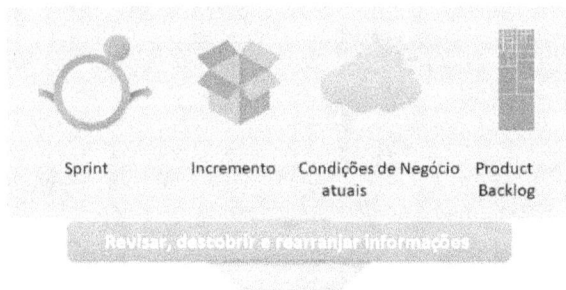

Product Backlog Atualizado

Fonte: https://www.scrum.org/resources/what-is-a-sprint-review

O objetivo desta cerimônia é, inspecionar o incremento e adaptar o *Product Backlog*. O roteiro para execução da Review é o seguinte:
- PO indica a meta da Sprint e os itens da *Sprint Backlog* que foram entregues e quais não foram;
- Time demonstra os itens da *Sprint Backlog* e responde eventuais questionamentos;
- PO avalia o item entregue;
- O resultado da Review é um Product Backlog revisado que

provavelmente define os itens da próxima *Sprint*.

Após o *Sprint Review*, temos a *Sprint Retrospective* com duração máxima de 3 horas, na toda a equipe discute **o que foi bem** na *Sprint* a fim de mantê-lo e, **o que não foi tão bem**, e, para evitar que isto recorra na *Sprint* seguinte, são elencados **pontos de ação**.

Esta cerimônia, guiada pelo *Scrum Master*, deve permitir a exposição de todos em um ambiente de melhoria contínua e não um ambiente punitivo. Desta maneira, ao fim da *Retrospective*, saberemos **como aprimorar o trabalho para a próxima Sprint**, mantendo o que foi bem a agindo contra o que não foi tão bem. Apesar que o processo de melhoria ser contínuo, a Retrospectiva prevê um momento exclusivo para atuar na inspeção e adaptação.

Uma das ferramentas que adoto junto aos projetos que trabalho é a *Fun Retro* (disponível no endereço https://funretro.io/), que relaciona diversas abordagens para a construção da equipe e realização de retrospectivas, a exemplo da *Mad, Sad e Glad*.

Na imagem a seguir, temos o exemplo da ferramenta supracitada para a *Retrospective* de uma dada *Sprint*, na qual temos três colunas (*Went Well* – O que foi bem, *To Improve* – A melhorar e *Action Items* – Pontos de Ação).

Fonte: https://funretro.io/

Em resumo, o *Scrum Master* facilitará a cerimônia de modo a preencher as três colunas do *Fun Retro* e ao fim, o Time deve priorizar os itens da retrospectiva, concedendo likes 👍 para os *cards* mais importantes.

SCRUM ARRETADO

SCRUM

PARTE II
Prática para o Exercício do *Framework*

SCRUM ARRETADO

SOBRE A DINÂMICA

Campina Grande é a segunda maior cidade da Paraíba, considerada como principal polo tecnológico da América Latina, segundo a revista americana *Newsweek* e possui a população de aproximadamente 410 mil

habitantes.

A dinâmica consiste na construção de uma cidade chamada *Big Meadow* (em Português, Campina Grande) utilizando blocos de montagem, na qual devem ser aplicadas as práticas do Scrum descritas na primeira parte desta obra.

Na sequência, relacionamos todos os procedimentos necessários para a realização da dinâmica.

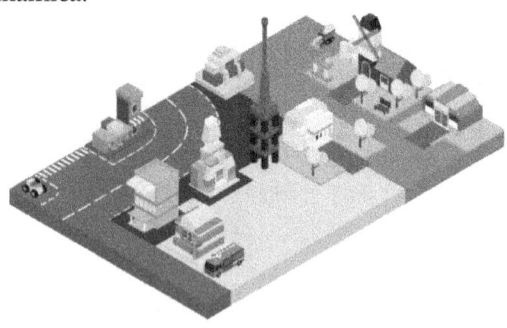

MATERIAL

Para a realização da atividade, deve-se para cada grupo:
- Realizar a impressão do material disponibilizado no endereço www.daniel-abella.com/livros/scrum/arquivos conforme instruções na tabela a seguir.

Arquivo	Tamanho	Quantidade
burndown.pdf	A2	1 por grupo
retroboard.pdf	A2	1 por grupo
story-estimation-board.pdf	A2	1 por grupo
persona-card.pdf	A4	4 por grupo
team-definition.pdf	A4	1 por grupo
quick-ref-scrum.pdf (OPCIONAL)	A4	1 por pessoa

- Um pacote de notas adesivas (*post-it*) com 100 folhas de tamanho 76x76mm;
- Duas canetas esferográficas azul ou preta e um lápis grafite;
- Uma Fita Adesiva Transparente e Uma Tesoura;
- **Opcionalmente**, um VR BOX acompanhado de um celular compatível; e
- Uma caixa de blocos de montagem, a exemplo da que eu uso, a *LEGO Classic Creative Brick Box* versão 10698.

+ SOBRE A DINÂMICA

PREPARAÇÃO DE AMBIENTE

A dinâmica deve ser realizada preferencialmente em turmas de até **quinze pessoas**, divididas em **três** grupos de até cinco componentes e entregues os materiais descritos anteriormente.

Além disto, o Mural de Pontuação, Quadro de Retrospectiva, o *Task Board* e o *Burndown* devem ser fixados na parede com uso de fita adesiva, como no exemplo a seguir.

Como sugestão, para a realização da dinâmica, deve ser elegida uma sala ampla, considerando a quantidade de pessoas que participarão.

Configuração do VR BOX (Opcional)

Neste momento, caso tenha a disposição do VR Box, o instrutor deve configurar este dispositivo e o celular para visualizar em realidade virtual o produto do projeto, que é a cidade de *Big Meadow*. As etapas desta configuração estão descritas a seguir.

- Realizar o *download* no celular do aplicativo chamado *VR Player: 2D 3D 360° Video*, disponível nas lojas de aplicativo Google Play e Apple Store;
- Realizar o *download* no celular da foto de *Big Meadow* no endereço www.daniel-abella.com/livros/scrum/foto360;
    - A foto deve estar em sua galeria de fotos;
- No aplicativo *VR Player*, devemos clicar em Photo Library e

selecionar a foto da nossa cidade;
- Devemos colocar o celular no compartimento do VR Box.

Caso consiga visualizar a imagem de uma cidade construída com blocos de montagem, o processo foi realizado adequadamente e nos próximos passos indicaremos o momento em que o aparelho será utilizado.

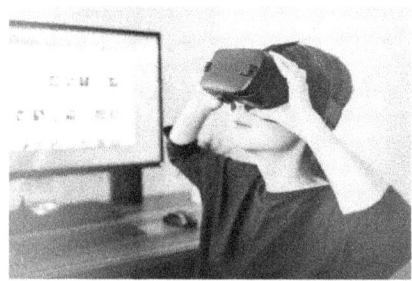

PASSOS 1 E 2 – PAPÉIS E CONHECENDO PRODUTO DO PROJETO

Passo 1 - Definição dos Papéis

Para cada grupo, deve ser indicado o nome do Time, bem como um membro que designará a função de *Scrum Master*, um a exercer a função de *Product Owner*, enquanto os demais passam a compor o Time. Estas definições devem ser preenchidas por meio do artefato a seguir, que está entre os itens impressos e entregues ao time.

PERFIS NO SCRUM *SCRUM ARRETADO*

PROJETO	
SCRUM MASTER	
PRODUCT OWNER	
TIME	

Passo 2 – Conhecendo o Produto do Projeto

Após definirmos os papéis de cada um do time, o instrutor deve posicionar o VR Box para uso do *Product Owner* e permitir que, em até cinco minutos (*time-boxed*) ele conheça o produto do projeto e possa registrar os possíveis requisitos. Como sugestão, papel e caneta na mão para melhor aproveitamento.

Independente do uso do VR Box, devemos conduzir o P.O. a acessar o endereço www.daniel-abella.com/livros/scrum/fotosbig e visualizar as imagens da nossa almejada cidade.

Passo 3 – Definindo as Personas

Na seção que discutimos *User Stories*, mencionamos que, uma das melhores maneiras para elenca-las é por meio da identificação de *Personas*, que representam papéis ou atores do sistema/produto, contribuindo para vislumbrar os requisitos do ponto de vista destas *personas*.

Um dos formatos mais utilizados para descrever as personas é o apresentado por *Roman Pichler,* na qual a seguir apresentamos uma adaptação deste formato.

Note que, é composto por 3 seções, sendo a primeiras delas relacionado o nome uma foto, seguida pelos detalhes desta pessoa e encerrada pela seção que relata o objetivo desta persona. Adicionalmente colocamos dois avatars   para que seja o ponto de partida para criação da "foto" da persona, ou seja, podem adicionar   , além de outras que sua

imaginação permita.

Em um tempo máximo de **10 minutos**, o *Product Owner* deve elencar possíveis personas para a nossa cidade, a exemplo de Padre Abidias, para usufruir de nossa igreja, entre outros. Para isto, deve ser usado o material entregue ao time.

Passo 4 – Criando as Primeiras *User Stories*

Uma vez definida as *personas* iniciais, devemos preencher as primeiras User Stories, conforme o formato a seguir, na qual a última seção (PARA <VALOR DE NEGÓCIO>) pode não ser preenchida.

Este primeiro exercício de levantamento dos requisitos não deve durar mais de 10 minutos e deve ser comandado pelo *Product Owner*, apoiado pelo Time.

FORMATO

COMO UM <PAPEL>
EU POSSO/GOSTARIA/DEVO <FUNÇÃO>
PARA <VALOR DE NEGÓCIO>

EXEMPLO

COMO UM COMPRADOR DE LIVROS
EU POSSO/GOSTARIA/DEVO ENCONTRAR UM LIVRO CUJO TÍTULO EU SEI
PARA PODER COMPRÁ-LO

Fonte: Kete Martins Rufino (Faculdade Projeção)

Além da descrição no formato acima, a *User Story* (US) possui **um critério de aceitação**, que é uma lista de itens que devem ser alcançados pela US, podendo conter inclusive, informações adicionais que não puderam ser descritas.

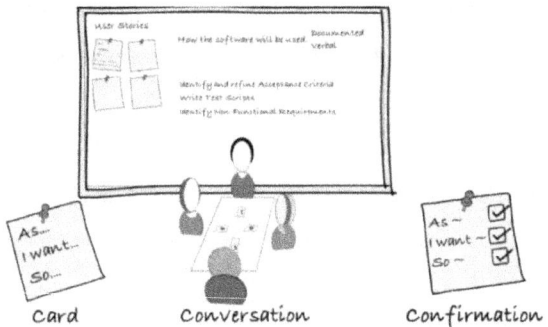

Fonte: https://aiit.ac.nz

Passo 5 – Realizando a Primeira *Sprint Planning Meeting*

Inicialmente, dentre as US elencadas anteriormente, devemos eleger a de menor complexidade para ser nossa *User Story Guia*.

Uma vez elegido, devemos, com uso do Mural de Pontuação, atribuí-la com valor 2, colocando o post-it referente na coluna 2, bem como assinalando este valor na parte inferior direita, conforme exemplificado na imagem a seguir.

Com a definição da *User Story* Guia, o processo de planejamento da Sprint 1 é realizado em um período de **10 minutos**, na qual nos primeiros cinco minutos iniciais o PO informa a meta da Sprint e os itens do *Product Backlog* associados a meta.

Os cinco minutos finais o time discute item a item, e discutem uma estimativa (usando-se como base a *User Story* Guia) e, após consenso, colocam o post-it referente a US na coluna referente a estimativa e colocam o valor na parte inferior (conforme fizemos anteriormente).

Passo 6 – Definir o Gráfico de *Burndown*

Em sessões anteriores, descrevemos como funciona o mecanismo de controle de progresso com uso do *Burndown*. Agora, usando o *template* de *burndown* entregue ao time (apresentado a seguir), o Scrum Master deve preencher, no lado direito, o número da Sprint (1, pois é a primeira Sprint) e a quantidade de pontos, isto é, soma-se a estimativa de todos as US realizadas no Passo 5.

Por fim, no eixo X, devemos colocar as datas da Sprint, enquanto que, no eixo Y, devemos colocar as pontuações até chegar a quantidade de pontos da Sprint.

Caso a Sprint 1 possua 60 pontos a serem executados em 5 dias (06, 07, 08, 09 e 10/01), o gráfico será como o apresentado na imagem a seguir.

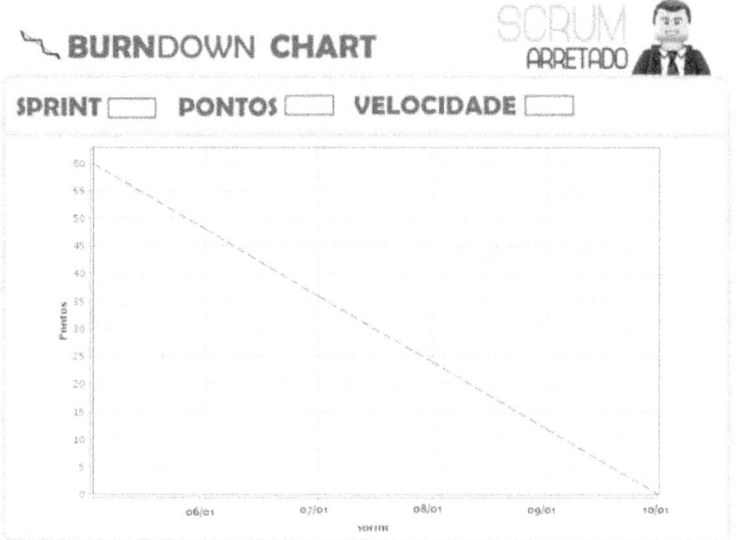

Passo 7 - Execução da Sprint e Daily Scrum Meeting

Em um período de 20 minutos, devemos realizar a Sprint, na qual cada dia corresponde a 4 minutos.

Ao início de cada dia, devemos realizar a *Daily Scrum Meeting*, com duração máxima de 1 minuto, enquanto que, após a reunião, o Scrum Master ajusta o *Burndown*. E, os 3 minutos restantes segue com a execução do dia.

Passo 8 - Sprint *Review*

Com a conclusão da Sprint, temos a Sprint *Review* com duração de 10 minutos, na qual o Time apresenta a meta da Sprint, bem como os itens pactuados durante a *Sprint Planning Meeting*.

Neste momento, o PO, bem como pessoas relevantes para obtenção de *feedback* apresentam suas considerações. Ao fim, podemos revisar o *Product Backlog*, expondo possivelmente itens para a próxima Sprint.

Passo 9 – Sprint *Retrospective*

Com objetivo de melhoria contínua, realizaremos por 10 minutos a *Sprint Retrospective* usando a folha a seguir, que deve estar fixada na parede da sala.

O time juntamente com o Scrum Master, devem levantar os pontos que o time foi bem durante a Sprint e, para cada um destes pontos, escrevê-lo em um *post-it* e fixa-lo na coluna "*What went well?*" (O que foi bem). Da mesma maneira, devemos elencar os itens que não foram bem e inseri-los na coluna "*What went less well?*".

Por fim, devemos elencar pontos de ação para atuar na próxima *Sprint* e, para cada um destes pontos, escrever em um post-it e fixa-lo na última coluna.

Passo 10 – Realizar as próximas Sprints

Com a realização do Passo 9, concluímos a primeira Sprint e, devemos realizar as próximas até a conclusão da nossa *Big Meadow*.

CONCLUSÃO

Nesta obra, apresentamos os principais conceitos do *framework* de uma forma simples e objetiva. Com intuito de aplicar na prática o Scrum, a seção II se dedicou a apresentar uma dinâmica que permitirá absorver os conceitos. Agora é só "botar café pra dentro" e praticar!

Caso tenha interesse em seguir evoluindo nos métodos ágeis, a minha primeira obra "Gestão Ágil, Arretada e Arrochada (A3) de Projetos" possui foco na preparação para a PMI-ACP, que é a certificação do PMI que possui foco nos principais métodos ágeis.

Como processo de melhoria contínua desta obra, no *QRCode* na sequência temos um formulário para que você possa contribuir com reclamações, sugestões ou informações desta obra.

Não se limitando a obra, segue abaixo os meus contatos. Muito obrigado pela sua atenção e interesse na obra!

REFERÊNCIAS

https://universoprojeto.wordpress.com/2014/03/19/qual-e-o-melhor-entre-o-modelo-agil-e-o-tradicional/

https://www.euax.com.br/2015/05/as-5-vantagens-da-gestao-agil-de-projetos/

https://vsellis.com/frameworks-methodologies-and-processes/

https://www.linkedin.com/pulse/what-difference-between-methodology-framework-dafir-jacob/

https://www.projectmanagement.com/articles/278600/Why-Youre-Confusing-Frameworks-with-Methodologies

https://guntherverheyen.com/2013/03/21/scrum-framework-not-methodology/

https://www.knowledge21.com.br/blog/as-verdadeiras-origens-do-scrum/

https://hbr.org/1986/01/the-new-new-product-development-game

https://www.gp4us.com.br/backlog-do-produto/

https://www.culturaagil.com.br/product-backlog-o-que-e/

https://www.culturaagil.com.br/backlog-grooming-refinando-o-backlog/

https://www.slideshare.net/selatta/innovate2010-real-worldagilerequirementssallyelatta

https://blog.myscrumhalf.com/user-stories-o-que-sao-como-usar/

http://www.metodoagil.com/historias-de-usuario/

https://conteudo.produto.io/como-escrever-boas-user-stories-258eebb29182

https://www.culturaagil.com.br/estoria-de-usuario-voce-saberia-contar/

https://www.knowledge21.com.br/sobreagilidade/user-stories/o-que-e-user-story/

https://sitecampus.com.br/scrum-o-que-sao-user-stories/

https://www.culturaagil.com.br/planning-poker-tecnica-baseada-consenso/

https://www.slideshare.net/emanish/agile-planning-and-estimation-48116753

www.ingramcontent.com/pod-product-compliance
Lightning Source LLC
Chambersburg PA
CBHW070825220526
45466CB00002B/756